Buffalo

PHOTOS AND FACTS FOR EVERYONE

BY ISIS GAILLARD

Learn With Facts Series

Book 77

Dedicated to my boys Jaxon and Jalen

CONTENTS

Introduction	6
Description	10
Size	13
Breeding	15
Eating Habit	18
Interesting Facts	19

Copyright ©2022 by Isis Gaillard All rights reserved. No part of this book may be used or reproduced in any manner whatsoever without the express written permission of the publisher except for the use of brief quotations in a book review

The author and publisher make no warranty, expressed or implied, that the information contained herein is appropriate for all individuals, situations or purposes, and assume no responsibility for errors or omission. The reader assumes the risk and full responsibility for all actions, and the authors will not be held liable for any loss or damage, whether consequential.

Image Credits: Royalty-free images reproduced under license from various stock image repositories.

Isis Gaillard. Buffalo: Photos and Fun Facts for Kids (Kids Learn With Pictures Series Book 77). Ebook Edition.
Learn With Facts an imprint of TLM Media LLC

eISBN: 978-1-63497-203-1
ISBN-978-1-63497-330-4
HARDBACK: 979-8-88700-528-7

Introduction

Buffalo is domesticated and one of the large ruminants, which contributes to the least developed food and agriculture production of the world. Furthermore, the high demand for milk and meat and agro-ecological conditions favor the introduction of the riverine-type buffaloes.

The domestic water buffalo is a huge bovid in China, India, and Southeast Asia. Presently, water buffaloes are found in Australia, Europe, North and South America, and some African countries. The wild water buffalo native to Southeast Asia is considered a different species but represents the ancestors of the domestic water buffalo.

People refer to various large hoofed mammals as the "buffalo." However, Asian buffaloes or water buffalo, African buffalo, Cape buffalo, and bison are not buffaloes at all but are wrongly referred to as such.

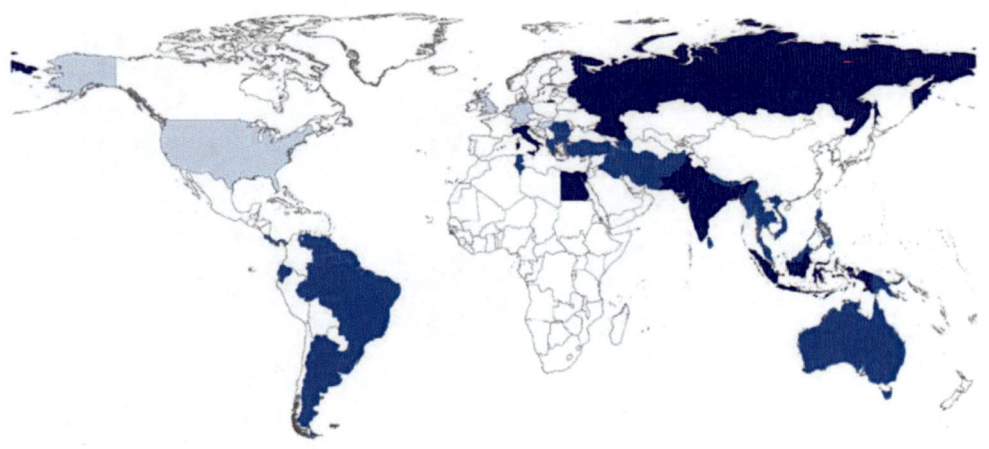

While the real buffaloes are different animals that live in Asia and Africa, the American bison live in North America, and the water buffaloes live in Asia's tropical and subtropical forests. They are named because they spend most of their time in the water. They have extra-wide hooves, preventing them from sinking into the bottom of the mud, ponds, swamps, and rivers.

As one of the most successful grazers in Africa, this African buffalo lives in swamps and floodplains, mopane grasslands, and the forests of the central mountains of Africa. Buffaloes like habitats with thick covers, such as thickets and reeds, but can also be found in open woodland.

The American buffalo can be found living in the plains, river valleys, and prairies across North America. They move together in groups known as herds.

Description

A **buffalo** is a type of wild animal like a large cow with horns that curve upwards and is found in southern and eastern Africa.

Both the male and female buffaloes have horns they use to defend against African predators like the lions.
The largest buffalo has a height of five and a half feet tall at the shoulder and weighs 2,000 pounds or more. Their appearance and size differ depending on the subspecies. They have short fur that is black and dark or reddish-brown.

Standing five to six and a half feet tall at the shoulder, wild water buffaloes are formidable mammals with sparse gray-black coats. The males carry tremendous backward-curving and crescent-shaped horns, stretching nearly five feet long with deep rims on their surface.

Buffalo are two types: African or Cape buffalo and Asian water buffalo. These buffaloes are dark gray or black that looks a lot like bulls. Buffalo is confused with bison. Early American immigrants called bison "buffaloes" because of their similarity.

Savanna buffaloes are large and massive cow-like animals. They differ not just in size but also in the shape and color of their horns. Adults are often dark gray or black, with reddish-brown juveniles.

Size

Length: 2.8 m (Adult) Encyclopedia of Life
Mass: Male: 460 – 990 kg (Adult), Female: 360 – 540 kg (Adult 7 to 11 1/2 feet)

Females are about one foot shorter. Both male and female bison subspecies weigh around 900 to 2,000 pounds. When full-grown, the male can reach up to seven to 11 1/2 feet in length. Their long tail of 20 to 26 inches has a large ruft.

Bison is North America's biggest mammal. Male bison (known as bulls) can weigh up to 2,000 pounds and stand 6 feet tall, while female bison (known as cows) can weigh up to 1,000 pounds and stand 4-5 feet tall.

Breeding

The breeding period for the American bison is 9 1/2 months. Under certain normal conditions, cows give birth to their calves from mid-April to June. Cows typically have one calf per year, but twins may occur rarely. Buffaloes bear live young called calves. They will have one calf at a time, and it is the female who carries it for a gestation period of nine to 11 months before birth. The male calves will then be moved to the all-male herd, while the female stays with the all-female herd.

Buffaloes can reproduce in various ways, and both males and females can be polygamous. The female and male mate with multiple partners, and the gestation period is more than 340 days or 11 months. Female buffaloes give birth to twins, but most can only produce a calf each season.

Calves are nursed at different times based on the species; some calves are nursed for more than a year, while others for only four months. The calves gradually progress than other hoofed mammals and cannot run until they are a few weeks old. Nevertheless, this is not dangerous to the calf since the mother is overprotective and dangerous to contend with.

Between 2010 and 2017, the population of the Buffalo metropolitan area, which includes Erie and Niagara counties, rose by only 0.1 percent, or one person every two days. The national growth rate was 5.3 percent at the time.

Since 1950, when the city's population was 580,000, buffalo's population has declined in every census. The Buffalo-Niagara Region has finally turned things around and is seeing an increase in the number of Millennials migrating to the area after decades of decline.

Eating Habit

Despite their cruelty, these creatures are herbivores who only consume vegetables. They are grazers, eating grass rather than browsers, eating leaves and shrubs.

As one of the members of the Bovidae family, buffaloes regurgitate their grassy diet to chew a second time. This process is called "chewing cud" and helps them fully digest the grass. Buffaloes spend hours grazing and finding a shady spot during the hottest time of the day to rest and chew their cud.

Buffalo Photos and Facts For Everyone

Interesting Facts

1. **Dangerous Game** – People will picture lions stalking or African elephants trampling them, although hippos pose one of the greatest threats and kill thousands of people each year. Yet, Cape buffaloes are one of the more dangerous animals in Africa.
2. **Few to Fear** – Since buffaloes are dangerous to everything around them, not just humans, only a few predators take the risk of hunting these animals. Lions, crocodiles, leopards, and hyenas are the only animals that can kill them, although they only hunt the youngest and weakest individuals. Humans are the only predator to healthy grown-up buffaloes.
3. **Water Buffalo** – Asian water buffaloes, resemble Cape buffaloes, but they are not related. Even though they share the same subfamily, the two are in different taxonomic genera.
4. **Differences Continued** – One main difference these two buffaloes have is their character. African buffaloes are hostile animals, and humans never attempted to domesticate them. Water buffaloes are less aggressive, and humans have domesticated them.

THE END

Thanks for reading facts about Buffalo. I am a parent of two boys on the autism spectrum. I am always advocating for Autism Spectrum Disorders which part of the proceeds of this book goes to many Non-Profit Autism Organizations. I would love if you would leave a review.

Author Note from Isis Gaillard:
Thanks For Reading! I hope you enjoyed the fact book about **Buffalo.**
Please check out all the Learn With Facts and the Kids Learn With Pictures series available.

Visit www.IsisGaillard.com and www.LearnWithFacts.com to find more books in the Learn With Facts Series

More Books In The Series

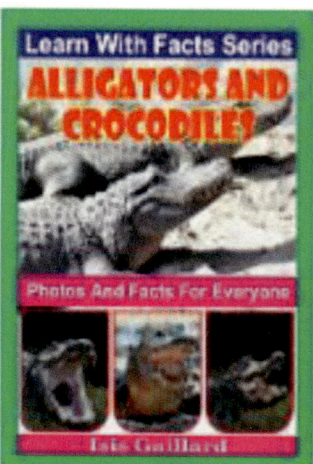  

Over 75 books in the Learn With Facts Series.

Word Search 1

T	Z	V	A	P	O	F	R	V	I
S	U	L	A	S	M	V	L	Q	E
E	B	K	D	Z	E	C	O	B	N
L	C	R	B	I	G	R	E	S	T
B	I	O	V	F	T	A	X	V	Z
B	E	J	Y	L	V	Q	F	P	O
U	J	A	I	E	L	V	R	I	T
Z	K	U	R	M	H	Q	E	Z	J
S	M	S	I	S	N	F	K	W	L
V	P	Z	S	W	G	H	M	K	M

Word List

Bears   Birds
Beavers

Word Search 2

C	R	T	Q	I	K	B	J	S	G
H	E	Z	A	U	W	G	N	R	A
A	X	L	G	M	X	I	Z	J	J
M	U	N	E	P	H	P	B	G	P
E	I	J	L	P	K	T	F	B	M
L	Z	Z	L	E	H	E	O	E	Q
E	J	O	X	U	U	A	I	F	L
O	D	X	G	N	B	Y	N	J	Z
N	P	Q	D	S	I	P	C	T	P
S	O	C	B	C	S	M	W	E	S

Word List

Elephants   Chameleons
Dolphins

Word Search 3

W	C	F	F	A	F	H	O	R	C
L	R	D	C	D	X	U	P	S	H
S	O	I	F	Z	H	M	H	S	E
M	C	X	J	D	T	F	R	C	E
S	O	U	M	U	O	A	F	C	T
K	D	B	F	O	G	L	Z	H	A
Y	I	R	S	U	U	V	Y	M	H
J	L	H	O	A	V	D	J	D	S
R	E	C	D	K	T	K	Q	R	K
F	S	L	J	M	C	O	J	K	O

Word List

Cheetahs   Crocodiles
Cougars

Word Search 4

Y	J	C	Q	Q	C	I	X	Y	Z
N	V	A	K	S	F	Y	K	O	S
O	G	D	L	G	O	Z	P	R	R
O	W	T	Z	G	X	C	U	S	X
Y	K	W	D	N	E	A	Z	E	N
C	K	W	Z	U	S	M	H	L	U
D	N	C	V	O	J	K	L	G	P
P	P	R	N	X	W	Y	G	A	G
D	K	I	J	L	O	H	H	E	P
Q	D	F	L	M	K	T	B	B	Z

Word List

Dinosaurs   Foxes
Eagles

Word Search 5

P	S	F	F	R	N	C	Q	R	H
Z	D	N	T	B	W	J	E	Z	E
G	U	Z	E	T	Q	S	B	G	D
A	B	J	F	G	K	G	M	I	G
A	V	M	L	S	G	O	W	R	E
Q	C	G	M	M	C	R	C	A	H
C	I	D	S	S	Z	F	P	F	O
A	I	K	L	L	J	L	W	F	G
M	C	S	B	H	M	A	B	E	S
U	P	F	T	W	T	D	I	S	G

Word List

Frogs   Hedgehogs
Giraffes

Word Search 6

K	F	K	S	K	F	W	Z	R	S
Z	A	V	K	P	S	O	O	E	A
J	K	N	Y	Q	M	L	S	H	Z
U	O	U	G	W	P	R	O	V	X
U	A	N	R	A	O	J	S	W	I
I	L	C	S	H	R	I	D	Y	B
T	A	Q	L	N	F	O	N	W	K
L	S	N	R	D	O	H	O	T	W
S	D	Y	Z	W	L	I	G	S	D
D	D	R	P	T	A	Z	L	O	C

Word List

Horses   Koalas
Kangaroos   Lions

Word Search 7

S	H	P	L	U	S	D	L	S	A
L	Q	N	N	S	P	P	P	K	U
W	P	J	X	N	L	K	J	C	S
O	A	H	X	I	L	V	X	O	L
W	N	E	Y	U	W	R	Y	C	D
U	D	G	G	G	C	N	N	A	G
J	A	L	S	N	L	D	T	E	E
P	S	O	E	E	S	W	H	P	Z
U	Z	U	X	P	V	C	L	L	Q
E	L	F	Z	L	Q	F	P	K	P

Word List

Owls
Pandas

Peacocks
Penguins

Word Search 8

R	H	I	N	O	C	E	R	O	S
Y	T	I	A	W	W	Z	U	Z	E
W	Y	S	S	E	V	S	V	D	A
F	M	S	R	S	Q	C	Q	N	T
W	B	N	R	E	G	L	D	Z	U
R	W	A	Y	K	D	H	V	S	R
S	O	K	B	J	Q	I	G	U	T
L	E	E	C	C	B	H	P	P	L
V	Y	S	B	R	E	F	V	S	E
X	A	G	C	A	H	M	N	J	S

Word List

Rhinoceros Snakes
SeaTurtles Spiders

Word Search 9

B	Y	A	V	N	A	D	N	Z	M
U	F	L	T	K	W	Z	Y	F	S
F	X	P	W	I	A	T	M	D	A
T	K	A	J	S	G	Y	Z	F	R
J	J	C	K	G	Z	E	V	R	B
U	I	A	Q	X	C	Y	R	K	E
O	J	S	A	N	T	K	G	S	Z
I	S	S	J	R	T	N	P	M	A
D	Z	E	R	J	S	B	X	H	P
A	L	L	I	G	A	T	O	R	S

Word List

Tigers
Zebras

Alpacas
Alligators

Word Search 10

U	L	H	H	A	X	E	V	T	L
P	A	P	B	S	Z	P	H	B	S
G	S	Y	V	Y	G	Q	W	U	E
T	C	O	D	Q	D	O	E	I	P
Q	B	T	V	S	E	E	Y	S	W
M	C	F	H	P	M	A	V	L	E
E	W	M	M	A	A	S	U	E	H
F	D	O	O	Z	B	Z	O	M	Z
O	T	W	H	S	N	U	B	A	D
L	A	E	A	H	Y	K	A	C	A

Word List

Camels

Word Search 11

E	Q	I	Z	M	V	O	D	Q	C
K	O	Y	Q	G	U	H	Z	H	R
E	I	G	S	D	S	A	K	U	F
U	G	E	N	I	N	I	Z	B	I
Z	E	K	F	I	L	J	V	A	U
B	Q	F	P	H	M	T	G	T	E
L	W	J	F	I	G	A	A	S	V
L	Z	O	R	F	S	Z	L	F	A
M	K	P	P	F	B	O	M	F	Y
Z	F	K	X	A	S	O	J	O	Q

Word List

Bees
Bats
Fish
Flamingo

Word Search 12

A	D	G	A	Z	E	L	L	E	I
T	S	T	W	Q	P	E	H	Q	G
C	T	T	E	W	Q	C	T	P	U
O	R	Y	C	U	N	T	I	X	A
U	A	T	Z	E	U	L	L	X	N
H	N	Q	Z	E	S	M	U	C	A
P	U	M	P	R	P	N	B	F	S
P	K	H	Y	E	N	A	I	G	B
B	Y	Y	T	Q	D	M	Q	G	F
M	X	U	B	Q	W	P	Y	U	C

Word List

Gazelle   Iguanas
Hyena   Insects

Word Search 13

H	S	I	F	Y	L	L	E	J	A
M	S	F	M	T	R	I	H	I	L
P	S	D	S	W	Z	B	E	J	N
Z	R	Z	R	W	U	B	G	Y	F
R	A	Q	V	A	X	G	D	D	M
O	U	Z	C	K	P	A	Y	D	Q
M	G	W	M	A	A	O	A	L	U
P	A	Y	J	P	W	G	E	S	Y
U	J	H	I	S	I	J	Z	L	B
O	Q	H	A	I	H	L	R	Z	C

Word List

Jaguars	Leopards
Jellyfish

Word Search 14

R	F	Y	Q	F	Z	K	G	Z	M
K	A	Z	O	M	Y	J	M	P	O
R	N	Z	F	I	S	E	P	E	O
D	V	R	K	P	E	J	K	S	S
D	P	D	Y	R	J	T	D	C	E
E	J	W	K	G	X	R	B	L	L
V	I	A	T	Q	A	A	Y	J	P
D	T	N	Z	Z	W	N	D	K	F
S	J	A	I	F	X	H	D	K	Y
P	F	L	G	R	O	I	A	G	J

Word List

Lizards Meerkat
Lynx Moose

Word Search 15

Y	F	O	L	K	X	O	K	O	S
H	M	Z	G	G	X	S	C	F	T
Q	S	A	V	T	M	T	Z	C	V
X	V	S	N	O	O	R	P	Y	Q
F	X	X	M	P	S	I	A	L	I
E	K	M	U	H	K	C	R	V	J
Z	M	S	F	E	B	H	R	X	D
O	E	Z	V	C	J	E	O	V	K
S	R	Y	I	F	X	S	T	Z	S
O	F	A	K	H	R	V	S	C	L

Word List

Octopuses   Parrots
Ostriches

Word Search 16

O	M	N	G	J	F	W	S	D	K
G	Y	I	V	U	T	S	R	F	R
P	C	H	J	T	G	M	A	P	J
P	O	Z	M	E	U	R	E	J	V
Z	O	N	X	O	K	L	B	F	V
X	V	N	I	B	I	T	R	Q	G
H	X	P	I	C	F	R	A	E	I
R	L	S	A	E	T	Q	L	S	S
J	Y	N	N	S	S	E	O	E	W
L	S	K	D	X	B	V	P	L	P

Word List

Pelicans
Polar Bears

Ponies

Word Search 17

S	C	O	R	P	I	O	N	S	T
I	J	S	Q	X	V	P	E	T	L
X	X	L	R	W	K	S	K	R	K
L	H	O	V	E	R	Z	B	O	L
Y	O	Q	X	O	T	S	Y	Q	V
E	M	H	H	J	U	S	Z	M	T
J	Q	A	T	U	B	C	O	I	C
G	E	A	H	Q	D	N	J	O	E
S	O	C	A	Y	H	V	S	T	R
K	Y	G	O	I	D	X	Z	L	P

Word List

Roosters
Scorpions

Seahorses

Word Search 18

J	J	S	G	U	T	T	H	F	W
S	P	E	O	N	R	D	T	S	H
S	M	L	Z	Q	P	I	P	A	S
D	Z	T	U	Y	P	I	D	X	I
W	D	R	A	R	X	W	T	A	F
Z	V	U	I	N	D	Z	N	P	R
M	X	T	C	A	V	Y	U	R	A
X	W	Q	S	W	A	N	S	I	T
V	Z	B	H	P	S	G	X	L	S
X	X	X	C	W	U	K	G	C	K

Word List

Starfish
Swans

Turtles

Word Search 19

P	Z	Y	X	A	X	D	H	X	V
F	H	A	N	T	E	A	T	E	R
M	D	Z	T	L	U	C	B	C	S
A	R	M	A	D	I	L	L	O	E
A	D	D	E	H	D	D	Y	S	L
B	V	K	E	T	U	Q	D	E	A
U	Y	U	Q	X	H	R	D	V	H
N	G	Q	X	H	I	H	G	L	W
Q	G	W	V	I	Q	M	T	O	K
Q	D	Z	C	I	G	Z	D	W	M

Word List

Whales
Wolves

Anteater
Armadillo

Word Search 20

P	V	I	C	C	W	E	R	T	S
J	C	H	I	P	M	U	N	K	S
S	J	O	L	A	F	F	U	B	Z
S	N	B	E	H	A	O	J	S	N
U	E	E	P	H	J	H	V	A	R
W	E	F	K	A	S	E	B	E	B
K	N	Y	J	C	C	O	W	S	G
P	P	D	O	C	I	S	E	O	A
E	X	H	A	Y	W	H	L	S	G
N	W	J	R	P	H	P	C	Q	V

Word List

Buffalo
Chickens

Chipmunks
Cows

Word Search 21

O	U	I	A	U	Y	D	R	V	A
B	Q	P	M	C	B	V	I	V	A
X	L	E	A	N	D	I	H	C	E
O	I	K	D	V	K	K	P	Z	D
V	S	R	T	V	X	V	N	R	S
D	O	N	K	E	Y	S	K	F	J
T	D	M	E	U	G	F	J	V	Q
L	C	E	A	K	J	W	S	A	F
Z	M	H	E	J	M	Q	W	M	F
G	I	P	J	R	M	K	I	Q	M

Word List

Deer   Echidna
Donkeys   Emu

Word Search 22

X	E	B	Q	S	X	O	D	P	S
H	G	O	A	T	S	U	R	G	X
S	B	L	N	A	W	X	I	S	U
R	F	M	V	I	T	P	G	D	O
L	H	J	C	W	A	Q	C	I	I
L	O	S	T	E	R	R	E	F	C
A	D	A	N	S	Y	V	H	C	J
M	B	I	K	P	C	V	Q	K	H
A	U	K	Z	N	X	S	H	E	W
G	S	F	B	L	Q	J	C	E	Y

Word List

Ferrets
Goats

Guinea Pigs
Llama

Word Search 23

I	P	L	A	T	Y	P	U	S	P
S	Q	F	H	S	K	Z	A	S	T
H	M	R	Y	A	L	H	V	N	V
S	J	U	A	C	V	D	W	O	W
S	E	N	I	P	U	C	R	O	P
S	V	N	B	S	K	G	Y	C	D
U	M	N	P	L	H	L	I	C	G
W	D	L	C	Q	X	J	R	A	N
C	G	N	M	N	D	W	N	R	I
E	N	U	P	H	Q	R	Y	I	S

Word List

Platypus   Raccoons
Porcupines

Word Search 24

Y	W	A	X	M	L	T	Z	I	R
E	N	R	L	T	T	Z	T	N	X
X	D	B	E	E	P	T	D	H	O
Y	S	R	S	E	U	N	P	P	D
D	L	K	E	H	D	A	K	G	V
N	H	H	U	H	A	N	F	D	C
M	S	I	D	N	K	R	I	C	V
X	L	Y	C	X	K	P	K	E	B
N	Q	U	W	N	D	S	Q	S	R
Y	M	C	T	G	M	G	D	E	R

Word List

Reindeer
Sharks
Sheep
Skunks

Word Search 25

C	L	V	M	B	B	O	I	P	F
K	V	M	C	N	A	L	O	P	S
M	S	S	L	V	V	F	U	Q	S
R	M	K	J	F	Y	B	U	H	T
Y	M	R	B	I	X	I	T	L	I
V	V	O	A	X	R	O	X	X	I
V	S	T	O	R	L	Z	L	W	N
M	N	S	E	S	K	W	V	Z	F
R	A	L	O	B	J	N	Q	K	E
M	S	K	K	N	J	H	R	E	G

Word List

Sloths   Storks
Squirrels

Word Search 26

U	W	I	K	C	O	S	E	S	J
I	V	W	J	Z	L	T	S	F	M
Z	M	N	A	A	G	U	O	P	M
T	B	J	M	D	R	R	Z	V	O
U	A	M	E	L	Q	K	K	D	S
X	A	F	A	L	B	E	I	K	T
M	F	W	N	F	A	Y	A	H	X
L	V	T	Y	D	X	Y	G	H	X
F	F	E	M	F	S	M	S	J	A
Z	I	J	Y	A	C	I	N	O	U

Word List

Turkey
Walrus
Yaks
Mammals

Word Search 27

T	A	B	G	U	V	S	F	R	I
T	N	N	N	M	I	K	O	N	J
N	C	A	T	T	L	E	Q	W	X
J	M	X	F	E	A	S	G	B	M
U	Y	O	C	D	L	C	Q	L	N
H	K	O	D	P	D	O	R	Y	L
U	B	B	L	D	K	M	P	P	U
S	S	E	T	O	Y	O	C	E	E
S	K	R	A	V	D	R	A	A	S
E	V	N	T	K	D	S	Q	I	M

Word List

Aardvarks
Antelopes

Cattle
Coyotes

Word Search 28

X	P	G	L	X	A	H	W	P	G
K	A	O	Q	E	Y	Z	R	S	O
A	N	Z	G	Y	M	M	M	G	R
A	T	U	W	I	M	U	M	F	I
C	H	V	T	C	S	Z	R	R	L
R	E	E	K	S	F	S	S	S	L
W	R	M	O	B	V	M	D	V	A
G	S	P	M	I	O	K	V	Q	S
S	O	H	A	W	G	I	O	P	R
Q	I	Z	P	F	X	H	E	T	C

Word List

Gorillas
Lemurs

Opossums
Panthers

Word Search 29

```
Y V A V W G B J D W
T Z K O B O J C F P
G W N V U Y U W U W
V R F I O N Z F M E
D C I B F X F P L A
M W Q X W I N X F S
Z X X E N R Z D W E
C O O S Q Q B G T L
S E S I O T R O T S
H C U V I N S D E E
```

Word List

Puffins
Tortoises

Weasels

Word Search 30

M	P	L	A	F	X	H	E	H	D
S	F	Y	M	E	X	W	B	U	M
E	M	H	P	W	C	S	V	F	P
N	K	M	H	F	Z	A	R	L	P
U	J	C	I	O	S	L	A	H	Q
T	M	Q	B	R	J	Q	F	F	E
I	H	E	I	B	B	X	V	I	P
X	A	E	A	F	Q	L	Q	E	Q
I	F	A	N	F	T	T	N	Y	F
A	Z	H	S	J	O	S	U	Y	D

Word List

Amphibians

Answers

Word Search 1

T	Z	V	A	P	O	F	R	V	I
S	U	L	A	S	M	V	L	Q	E
E	B	K	D	Z	E	C	O	B	N
L	C	R	B	I	G	R	E	S	T
B	I	O	V	F	T	A	X	V	Z
B	E	J	Y	L	V	Q	F	P	O
U	J	A	I	E	L	V	R	I	T
Z	K	U	R	M	H	Q	E	Z	J
S	M	S	I	S	N	F	K	W	L
V	P	Z	S	W	G	H	M	K	M

Word Search 2

C	R	T	Q	I	K	B	J	S	G
H	E	Z	A	U	W	G	N	R	A
A	X	L	G	M	X	I	Z	J	J
M	U	N	E	P	H	P	B	G	P
E	I	J	L	P	K	T	F	B	M
L	Z	Z	L	E	H	E	O	E	Q
E	J	O	X	U	U	A	I	F	L
O	D	X	G	N	B	Y	N	J	Z
N	P	Q	D	S	I	P	C	T	P
S	O	C	B	C	S	M	W	E	S

Word Search 3

W	C	F	F	A	F	H	O	R	C
L	R	D	C	D	X	U	P	S	H
S	O	I	F	Z	H	M	H	S	E
M	C	X	J	D	T	F	R	C	E
S	O	U	M	U	O	A	F	C	T
K	D	B	F	O	G	L	Z	H	A
Y	I	R	S	U	U	V	Y	M	H
J	L	H	O	A	V	D	J	D	S
R	E	C	D	K	T	K	Q	R	K
F	S	L	J	M	C	O	J	K	O

Word Search 4

Y	J	C	Q	Q	C	I	X	Y	Z
N	V	A	K	S	F	Y	K	O	S
O	G	D	L	G	O	Z	P	R	R
O	W	T	Z	G	X	C	U	S	X
Y	K	W	D	N	E	A	Z	E	N
C	K	W	Z	U	S	M	H	L	U
D	N	C	V	O	J	K	L	G	P
P	P	R	N	X	W	Y	G	A	G
D	K	I	J	L	O	H	H	E	P
Q	D	F	L	M	K	T	B	B	Z

Word Search 5

P	S	F	F	R	N	C	Q	R	H
Z	D	N	T	B	W	J	E	Z	E
G	U	Z	E	T	Q	S	B	G	D
A	B	J	F	G	K	G	M	I	G
A	V	M	L	S	G	O	W	R	E
Q	C	G	M	M	C	R	C	A	H
C	I	D	S	S	Z	F	P	F	O
A	I	K	L	L	J	L	W	F	G
M	C	S	B	H	M	A	B	E	S
U	P	F	T	W	T	D	I	S	G

Word Search 6

K	F	K	S	K	F	W	Z	R	S
Z	A	V	K	P	S	O	O	E	A
J	K	N	Y	Q	M	L	S	H	Z
U	O	U	G	W	P	R	O	V	X
U	A	N	R	A	O	J	S	W	I
I	L	C	S	H	R	I	D	Y	B
T	A	Q	L	N	F	O	N	W	K
L	S	N	R	D	O	H	O	T	W
S	S	D	Y	Z	W	L	I	G	S	D
D	D	R	P	T	A	Z	L	O	C

Word Search 7

S	H	P	L	U	S	D	L	S	A
L	Q	N	N	S	P	P	P	K	U
W	P	J	X	N	L	K	J	C	S
O	A	H	X	I	L	V	X	O	L
W	N	E	Y	U	W	R	Y	C	D
U	D	G	G	G	C	N	N	A	G
J	A	L	S	N	L	D	T	E	E
P	S	O	E	E	S	W	H	P	Z
U	Z	U	X	P	V	C	L	L	Q
E	L	F	Z	L	Q	F	P	K	P

Word Search 8

R	H	I	N	O	C	E	R	O	S
Y	T	I	A	W	W	Z	U	Z	E
W	Y	S	S	E	V	S	V	D	A
F	M	S	R	S	Q	C	Q	N	T
W	B	N	R	E	G	L	D	Z	U
R	W	A	Y	K	D	H	V	S	R
S	O	K	B	J	Q	I	G	U	T
L	E	E	C	C	B	H	P	P	L
V	Y	S	B	R	E	F	V	S	E
X	A	G	C	A	H	M	N	J	S

Word Search 9

B	Y	A	V	N	A	D	N	Z	M
U	F	L	T	K	W	Z	Y	F	S
F	X	P	W	I	A	T	M	D	A
T	K	A	J	S	G	Y	Z	F	R
J	J	C	K	G	Z	E	V	R	B
U	I	A	Q	X	C	Y	R	K	E
O	J	S	A	N	T	K	G	S	Z
I	S	S	J	R	T	N	P	M	A
D	Z	E	R	J	S	B	X	H	P
A	L	L	I	G	A	T	O	R	S

Word Search 10

U	L	H	H	A	X	E	V	T	L
P	A	P	B	S	Z	P	H	B	S
G	S	Y	V	Y	G	Q	W	U	E
T	C	O	D	Q	D	O	E	I	P
Q	B	T	V	S	E	E	Y	S	W
M	C	F	H	P	M	A	V	L	E
E	W	M	M	A	A	S	U	E	H
F	D	O	O	Z	B	Z	O	M	Z
O	T	W	H	S	N	U	B	A	D
L	A	E	A	H	Y	K	A	C	A

Word Search 11

E	Q	I	Z	M	V	O	D	Q	C
K	O	Y	Q	G	U	H	Z	H	R
E	I	G	S	D	S	A	K	U	F
U	G	E	N	I	N	I	Z	B	I
Z	E	K	F	I	L	J	V	A	U
B	Q	F	P	H	M	T	G	T	E
L	W	J	F	I	G	A	A	S	V
L	Z	O	R	F	S	Z	L	F	A
M	K	P	P	F	B	O	M	F	Y
Z	F	K	X	A	S	O	J	O	Q

Word Search 12

A	D	G	A	Z	E	L	L	E		I
T	S	T	W	Q	P	E	H	Q		G
C	T	T	E	W	Q	C	T	P		U
O	R	Y	C	U	N	T	I	X		A
U	A	T	Z	E	U	L	L	X		N
H	N	Q	Z	E	S	M	U	C		A
P	U	M	P	R	P	N	B	F		S
P	K	H	Y	E	N	A	I	G		B
B	Y	Y	T	Q	D	M	Q	G		F
M	X	U	B	Q	W	P	Y	U		C

Word Search 13

H	S	I	F	Y	L	L	E	J	A
M	S	F	M	T	R	I	H	I	L
P	S	D	S	W	Z	B	E	J	N
Z	R	Z	R	W	U	B	G	Y	F
R	A	Q	V	A	X	G	D	D	M
O	U	Z	C	K	P	A	Y	D	Q
M	G	W	M	A	A	O	A	L	U
P	A	Y	J	P	W	G	E	S	Y
U	J	H	I	S	I	J	Z	L	B
O	Q	H	A	I	H	L	R	Z	C

Word Search 14

R	F	Y	Q	F	Z	K	G	Z	M
K	A	Z	O	M	Y	J	M	P	O
R	N	Z	F	I	S	E	P	E	O
D	V	R	K	P	E	J	K	S	S
D	P	D	Y	R	J	T	D	C	E
E	J	W	K	G	X	R	B	L	L
V	I	A	T	Q	A	A	Y	J	P
D	T	N	Z	Z	W	N	D	K	F
S	J	A	I	F	X	H	D	K	Y
P	F	L	G	R	O	I	A	G	J

Word Search 15

Y	F	O	L	K	X	O	K	O	S
H	M	Z	G	G	X	S	C	F	T
Q	S	A	V	T	M	T	Z	C	V
X	V	S	N	O	O	R	P	Y	Q
F	X	X	M	P	S	I	A	L	I
E	K	M	U	H	K	C	R	V	J
Z	M	S	F	E	B	H	R	X	D
O	E	Z	V	C	J	E	O	V	K
S	R	Y	I	F	X	S	T	Z	S
O	F	A	K	H	R	V	S	C	L

Word Search 16

O	M	N	G	J	F	W	S	D	K
G	Y	I	V	U	T	S	R	F	R
P	C	H	J	T	G	M	A	P	J
P	O	Z	M	E	U	R	E	J	V
Z	O	N	X	O	K	L	B	F	V
X	V	N	I	B	I	T	R	Q	G
H	X	P	I	C	F	R	A	E	I
R	L	S	A	E	T	Q	L	S	S
J	Y	N	N	S	S	E	O	E	W
L	S	K	D	X	B	V	P	L	P

Word Search 17

S	C	O	R	P	I	O	N	S	T
I	J	S	Q	X	V	P	E	T	L
X	X	L	R	W	K	S	K	R	K
L	H	O	V	E	R	Z	B	O	L
Y	O	Q	X	O	T	S	Y	Q	V
E	M	H	H	J	U	S	Z	M	T
J	Q	A	T	U	B	C	O	I	C
G	E	A	H	Q	D	N	J	O	E
S	O	C	A	Y	H	V	S	T	R
K	Y	G	O	I	D	X	Z	L	P

Word Search 18

J	J	S	G	U	T	T	H	F	W
S	P	E	O	N	R	D	T	S	H
S	M	L	Z	Q	P	I	P	A	S
D	Z	T	U	Y	P	I	D	X	I
W	D	R	A	R	X	W	T	A	F
Z	V	U	I	N	D	Z	N	P	R
M	X	T	C	A	V	Y	U	R	A
X	W	Q	S	W	A	N	S	I	T
V	Z	B	H	P	S	G	X	L	S
X	X	X	C	W	U	K	G	C	K

Word Search 19

P	Z	Y	X	A	X	D	H	X	V
F	H	A	N	T	E	A	T	E	R
M	D	Z	T	L	U	C	B	C	S
A	R	M	A	D	I	L	L	O	E
A	D	D	E	H	D	D	Y	S	L
B	V	K	E	T	U	Q	D	E	A
U	Y	U	Q	X	H	R	D	V	H
N	G	Q	X	H	I	H	G	L	W
Q	G	W	V	I	Q	M	T	O	K
Q	D	Z	C	I	G	Z	D	W	M

Word Search 20

```
P  V  I  C  C  W  E  R  T  S
J  C  H  I  P  M  U  N  K  S
S  J  O  L  A  F  F  U  B  Z
S  N  B  E  H  A  O  J  S  N
U  E  E  P  H  J  H  V  A  R
W  E  F  K  A  S  E  B  E  B
K  N  Y  J  C  C  O  W  S  G
P  P  D  O  C  I  S  E  O  A
E  X  H  A  Y  W  H  L  S  G
N  W  J  R  P  H  P  C  Q  V
```

Word Search 21

O	U	I	A	U	Y	D	R	V	A
B	Q	P	M	C	B	V	I	V	A
X	L	E	A	N	D	I	H	C	E
O	I	K	D	V	K	K	P	Z	D
V	S	R	T	V	X	V	N	R	S
D	O	N	K	E	Y	S	K	F	J
T	D	M	E	U	G	F	J	V	Q
L	C	E	A	K	J	W	S	A	F
Z	M	H	E	J	M	Q	W	M	F
G	I	P	J	R	M	K	I	Q	M

Word Search 22

X	E	B	Q	S	X	O	D	P	S
H	G	O	A	T	S	U	R	G	X
S	B	L	N	A	W	X	I	S	U
R	F	M	V	I	T	P	G	D	O
L	H	J	C	W	A	Q	C	I	I
L	O	S	T	E	R	R	E	F	C
A	D	A	N	S	Y	V	H	C	J
M	B	I	K	P	C	V	Q	K	H
A	U	K	Z	N	X	S	H	E	W
G	S	F	B	L	Q	J	C	E	Y

Word Search 23

I	P	L	A	T	Y	P	U	S	P
S	Q	F	H	S	K	Z	A	S	T
H	M	R	Y	A	L	H	V	N	V
S	J	U	A	C	V	D	W	O	W
S	E	N	I	P	U	C	R	O	P
S	V	N	B	S	K	G	Y	C	D
U	M	N	P	L	H	L	I	C	G
W	D	L	C	Q	X	J	R	A	N
C	G	N	M	N	D	W	N	R	I
E	N	U	P	H	Q	R	Y	I	S

Word Search 24

Y	W	A	X	M	L	T	Z	I	R
E	N	R	L	T	T	Z	T	N	X
X	D	B	E	E	P	T	D	H	O
Y	S	R	S	E	U	N	P	P	D
D	L	K	E	H	D	A	K	G	V
N	H	H	U	H	A	N	F	D	C
M	S	I	D	N	K	R	I	C	V
X	L	Y	C	X	K	P	K	E	B
N	Q	U	W	N	D	S	Q	S	R
Y	M	C	T	G	M	G	D	E	R

Word Search 25

C	L	V	M	B	B	O	I	P	F
K	V	M	C	N	A	L	O	P	S
M	S	S	L	V	V	F	U	Q	S
R	M	K	J	F	Y	B	U	H	T
Y	M	R	B	I	X	I	T	L	I
V	V	O	A	X	R	O	X	X	I
V	S	T	O	R	L	Z	L	W	N
M	N	S	E	S	K	W	V	Z	F
R	A	L	O	B	J	N	Q	K	E
M	S	K	K	N	J	H	R	E	G

Word Search 26

U	W	I	K	C	O	S	E	S	J	
I	V	W	J	Z	L	T	S	F	M	
Z	M	N	A	A	G	U	O	P	M	
T	B	J	M	D	R	R	Z	V	O	
U	A	M	E	L	Q	K	K	D	S	
X	A	F	A	L	B	E	I	K	T	
M	F	W	N	F	A	Y	A	H	X	
L	V	T	Y	D	X	Y	G	H	X	
F	F	E	M	F	S	M	S	J	A	
Z	I	J	Y	A	C	I	N	O	U	

Word Search 27

T	A	B	G	U	V	S	F	R	I
T	N	N	N	M	I	K	O	N	J
N	C	A	T	T	L	E	Q	W	X
J	M	X	F	E	A	S	G	B	M
U	Y	O	C	D	L	C	Q	L	N
H	K	O	D	P	D	O	R	Y	L
U	B	B	L	D	K	M	P	P	U
S	S	E	T	O	Y	O	C	E	E
S	K	R	A	V	D	R	A	A	S
E	V	N	T	K	D	S	Q	I	M

Word Search 28

X	P	G	L	X	A	H	W	P	G
K	A	O	Q	E	Y	Z	R	S	O
A	N	Z	G	Y	M	M	M	G	R
A	T	U	W	I	M	U	M	F	I
C	H	V	T	C	S	Z	R	R	L
R	E	E	K	S	F	S	S	S	L
W	R	M	O	B	V	M	D	V	A
G	S	P	M	I	O	K	V	Q	S
S	O	H	A	W	G	I	O	P	R
Q	I	Z	P	F	X	H	E	T	C

Word Search 29

Y	V	A	V	W	G	B	J	D	W
T	Z	K	O	B	O	J	C	F	P
G	W	N	V	U	Y	U	W	U	W
V	R	F	I	O	N	Z	F	M	E
D	C	I	B	F	X	F	P	L	A
M	W	Q	X	W	I	N	X	F	S
Z	X	X	E	N	R	Z	D	W	E
C	O	O	S	Q	Q	B	G	T	L
S	E	S	I	O	T	R	O	T	S
H	C	U	V	I	N	S	D	E	E

Word Search 30

M	P	L	A	F	X	H	E	H	D
S	F	Y	M	E	X	W	B	U	M
E	M	H	P	W	C	S	V	F	P
N	K	M	H	F	Z	A	R	L	P
U	J	C	I	O	S	L	A	H	Q
T	M	Q	B	R	J	Q	F	F	E
I	H	E	I	B	B	X	V	I	P
X	A	E	A	F	Q	L	Q	E	Q
I	F	A	N	F	T	T	N	Y	F
A	Z	H	S	J	O	S	U	Y	D

Made in the USA
Las Vegas, NV
21 March 2025

85d4bdf2-7d6f-4a38-92e7-6960b36d381aR01